FREUNDEBUCH
für Erwachsene

LORENA ROSNER

DIESES BUCH GEHÖRT:

_____

Bibliografische Information der Deutschen Nationalbibliothek: Die Deutsche Nationalbibliothek verzeichnet diese Publikation in der Deutschen Nationalbibliografie; detaillierte bibliografische Daten sind im Internet über dnb.dnb.de abrufbar.

Die automatisierte Analyse des Werkes, um daraus Informationen insbesondere über Muster, Trends und Korrelationen gemäß §44b UrhG (Text und Data Mining") zu gewinnen, ist untersagt.

© 2023 Lorena Rosner

Verlag: BoD · Books on Demand GmbH, In de Tarpen 42, 22848 Norderstedt
Druck: Libri Plureos GmbH, Friedensallee 273, 22763 Hamburg

ISBN: 978-3-7693-0725-2

INHALTSVERZEICHNIS

Die nächsten Seiten sind für dich selbst

Es sind deshalb mehrere Seiten, damit du deinen Eintrag in der Zukunft aktualisieren kannst.

Wie deine persönliche kleine Zeitkapsel.

ICH BIN: (SPITZNAME)

_____

DATUM:

_____

MEIN VOLLER NAME IST:

AKTUELLES ALTER:

GEBURTSTAG:

SO ALT FÜHLE ICH MICH WIRKLICH:

SO ALT WÄRE ICH JETZT GERN:

SO ALT MÖCHTE ICH WERDEN:

GRÖSSE:

HAARFARBE:

AUGENFARBE:

GESCHWISTER:

ICH WOHNE GERADE IN:

UND ZWAR WEGEN:

LIEBLINGSFARBE:

LIEBLINGSESSEN:

LIEBLINGSTIER:

DIESES TIER WÄRE ICH GERN:

DIESES TIER HÄTTE ICH GERN:

MEIN STERNZEICHEN IST:

UND KANN ICH DAMIT WAS ANFANGEN?:

DAS MACHE ICH GERN:

MEIN BESONDERES TALENT IST:

EINE WEISHEIT VON MIR:

3 DINGE DIE IMMER GUT SIND:

3 DINGE DIE IMMER SCHEISSE SIND:

DIE SUPERKRAFT MEINER WAHL + BEGRÜNDUNG:

WENN ALLES MÖGLICH WÄRE, WÜRDE/KÖNNTE/WÄRE ICH:

5 DINGE FÜR DIE EINSAME INSEL:

MEINE ÜBERLEBENSSTRATEGIE FÜR DIE EINSAME INSEL:

MEINE ÜBERLEBENSSTRATEGIE GENERELL IM LEBEN IST:

DARÜBER WEISS ICH VIEL:

DAVON HAB ICH KEINE AHNUNG:

LIEBLINGSWÖRTER:

WENN ICH EIN GEGENSTAND SEIN MÜSSTE, WÄRE ICH:

LIEBLINGSLAND:

MEINE SUCHT:

ICH BIN RICHTIG GUT IN:

ICH BIN RICHTIG MIES IN:

DIE TOP 5 BROTBELÄGE SIND

5:

4:

3:

2:

1:

EINE NACHRICHT AN ALLE, DIE TATSÄCHLICH MEINE EIGENE SEITE GELESEN HABEN:

ICH BIN: (SPITZNAME)

_____

DATUM: ✴

_____

FOTO
BUCHEIGENTÜMER:IN

MEIN VOLLER NAME IST:

AKTUELLES ALTER:

GEBURTSTAG:

SO ALT FÜHLE ICH MICH WIRKLICH:

SO ALT WÄRE ICH JETZT GERN:

SO ALT MÖCHTE ICH WERDEN:

GRÖSSE:

HAARFARBE:

AUGENFARBE:

GESCHWISTER:

ICH WOHNE GERADE IN:

UND ZWAR WEGEN:

LIEBLINGSFARBE:

LIEBLINGSESSEN:

LIEBLINGSTIER:

DIESES TIER WÄRE ICH GERN:

DIESES TIER HÄTTE ICH GERN:

MEIN STERNZEICHEN IST:

UND KANN ICH DAMIT WAS ANFANGEN?:

DAS MACHE ICH GERN:

MEIN BESONDERES TALENT IST:

EINE WEISHEIT VON MIR:

3 DINGE DIE IMMER GUT SIND:

3 DINGE DIE IMMER SCHEISSE SIND:

DIE SUPERKRAFT MEINER WAHL + BEGRÜNDUNG:

WENN ALLES MÖGLICH WÄRE, WÜRDE/KÖNNTE/WÄRE ICH:

5 DINGE FÜR DIE EINSAME INSEL:

MEINE ÜBERLEBENSSTRATEGIE FÜR DIE EINSAME INSEL:

MEINE ÜBERLEBENSSTRATEGIE GENERELL IM LEBEN IST:

DARÜBER WEISS ICH VIEL:

DAVON HAB ICH KEINE AHNUNG:

LIEBLINGSWÖRTER:

WENN ICH EIN GEGENSTAND SEIN MÜSSTE, WÄRE ICH:

LIEBLINGSLAND:

MEINE SUCHT:

ICH BIN RICHTIG GUT IN:

ICH BIN RICHTIG MIES IN:

DIE TOP 5 BROTBELÄGE SIND

5:

4:

3:

2:

1:

EINE NACHRICHT AN ALLE, DIE TATSÄCHLICH MEINE EIGENE SEITE GELESEN HABEN:

Die nächsten Seiten sind für Freund:innen

Leihe dieses Buch vorübergehend einer auserwählten Person aus, damit diese in Ruhe einen Teil der folgenden Seiten ausfüllen kann.

Tipp: Schreibe dir auf, wem du wann das Buch ausgeliehen hast, damit es nicht verloren geht.

ICH BIN:

(SPITZNAME)

DATUM:

FOTO

MEIN VOLLER NAME IST:

AKTUELLES ALTER:

GEBURTSTAG:

SO ALT FÜHLE ICH MICH WIRKLICH:

SO ALT WÄRE ICH JETZT GERN:

SO ALT MÖCHTE ICH WERDEN:

GRÖSSE:

HAARFARBE:

AUGENFARBE:

GESCHWISTER:

ICH WOHNE GERADE IN:

UND ZWAR WEGEN:

LIEBLINGSFARBE:

LIEBLINGSESSEN:

LIEBLINGSTIER:

DIESES TIER WÄRE ICH GERN:

DIESES TIER HÄTTE ICH GERN:

MEIN STERNZEICHEN IST:

UND KANN ICH DAMIT WAS ANFANGEN?:

DAS MACHE ICH GERN:

MEIN BESONDERES TALENT IST:

EINE WEISHEIT VON MIR:

3 DINGE DIE IMMER GUT SIND:

3 DINGE DIE IMMER SCHEISSE SIND:

DIE SUPERKRAFT MEINER WAHL + BEGRÜNDUNG:

WENN ALLES MÖGLICH WÄRE, WÜRDE/KÖNNTE/WÄRE ICH:

5 DINGE FÜR DIE EINSAME INSEL:

MEINE ÜBERLEBENSSTRATEGIE FÜR DIE EINSAME INSEL:

MEINE ÜBERLEBENSSTRATEGIE GENERELL IM LEBEN IST:

DARÜBER WEISS ICH VIEL:

DAVON HAB ICH KEINE AHNUNG:

LIEBLINGSWÖRTER:

WENN ICH EIN GEGENSTAND SEIN MÜSSTE, WÄRE ICH:

LIEBLINGSLAND:

MEINE SUCHT:

ICH BIN RICHTIG GUT IN:

ICH BIN RICHTIG MIES IN:

DIE TOP 5 BROTBELÄGE SIND

5:

4:

3:

2:

1:

SO HABEN WIR UNS KENNENGELERNT:

LETZTE WORTE AN DICH (BUCHEIGENTÜMER:IN):

ICH BIN:

(SPITZNAME)

_____

DATUM:

★

FOTO

MEIN VOLLER NAME IST:

AKTUELLES ALTER:

GEBURTSTAG:

SO ALT FÜHLE ICH MICH WIRKLICH:

SO ALT WÄRE ICH JETZT GERN:

SO ALT MÖCHTE ICH WERDEN:

GRÖSSE:

HAARFARBE:

AUGENFARBE:

GESCHWISTER:

ICH WOHNE GERADE IN:

UND ZWAR WEGEN:

LIEBLINGSFARBE:

LIEBLINGSESSEN:

LIEBLINGSTIER:

DIESES TIER WÄRE ICH GERN:

DIESES TIER HÄTTE ICH GERN:

MEIN STERNZEICHEN IST:

UND KANN ICH DAMIT WAS ANFANGEN?:

DAS MACHE ICH GERN:

MEIN BESONDERES TALENT IST:

EINE WEISHEIT VON MIR:

3 DINGE DIE IMMER GUT SIND:

3 DINGE DIE IMMER SCHEISSE SIND:

DIE SUPERKRAFT MEINER WAHL + BEGRÜNDUNG:

WENN ALLES MÖGLICH WÄRE, WÜRDE/KÖNNTE/WÄRE ICH:

5 DINGE FÜR DIE EINSAME INSEL:

MEINE ÜBERLEBENSSTRATEGIE FÜR DIE EINSAME INSEL:

MEINE ÜBERLEBENSSTRATEGIE GENERELL IM LEBEN IST:

DARÜBER WEISS ICH VIEL:

DAVON HAB ICH KEINE AHNUNG:

LIEBLINGSWÖRTER:

WENN ICH EIN GEGENSTAND SEIN MÜSSTE, WÄRE ICH:

LIEBLINGSLAND:

MEINE SUCHT:

ICH BIN RICHTIG GUT IN:

ICH BIN RICHTIG MIES IN:

DIE TOP 5 BROTBELÄGE SIND

5:

4:

3:

2:

1:

SO HABEN WIR UNS KENNENGELERNT:

LETZTE WORTE AN DICH (BUCHEIGENTÜMER:IN):

ICH BIN: (SPITZNAME)

_____

DATUM:

FOTO

MEIN VOLLER NAME IST:

AKTUELLES ALTER:

GEBURTSTAG:

SO ALT FÜHLE ICH MICH WIRKLICH:

SO ALT WÄRE ICH JETZT GERN:

SO ALT MÖCHTE ICH WERDEN:

GRÖSSE:

HAARFARBE:

AUGENFARBE:

GESCHWISTER:

ICH WOHNE GERADE IN:

UND ZWAR WEGEN:

LIEBLINGSFARBE:

LIEBLINGSESSEN:

LIEBLINGSTIER:

DIESES TIER WÄRE ICH GERN:

DIESES TIER HÄTTE ICH GERN:

MEIN STERNZEICHEN IST:

UND KANN ICH DAMIT WAS ANFANGEN?:

DAS MACHE ICH GERN:

MEIN BESONDERES TALENT IST:

EINE WEISHEIT VON MIR:

3 DINGE DIE IMMER GUT SIND:

3 DINGE DIE IMMER SCHEISSE SIND:

DIE SUPERKRAFT MEINER WAHL + BEGRÜNDUNG:

WENN ALLES MÖGLICH WÄRE, WÜRDE/KÖNNTE/WÄRE ICH:

5 DINGE FÜR DIE EINSAME INSEL:

MEINE ÜBERLEBENSSTRATEGIE FÜR DIE EINSAME INSEL:

MEINE ÜBERLEBENSSTRATEGIE GENERELL IM LEBEN IST:

DARÜBER WEISS ICH VIEL:

DAVON HAB ICH KEINE AHNUNG:

LIEBLINGSWÖRTER:

WENN ICH EIN GEGENSTAND SEIN MÜSSTE, WÄRE ICH:

LIEBLINGSLAND:

MEINE SUCHT:

ICH BIN RICHTIG GUT IN:

ICH BIN RICHTIG MIES IN:

DIE TOP 5 BROTBELÄGE SIND

5:

4:

3:

2:

1:

SO HABEN WIR UNS KENNENGELERNT:

LETZTE WORTE AN DICH (BUCHEIGENTÜMER:IN):

ICH BIN: (SPITZNAME)

_____

DATUM:

FOTO

MEIN VOLLER NAME IST:

AKTUELLES ALTER:

GEBURTSTAG:

SO ALT FÜHLE ICH MICH WIRKLICH:

SO ALT WÄRE ICH JETZT GERN:

SO ALT MÖCHTE ICH WERDEN:

GRÖSSE:

HAARFARBE:

AUGENFARBE:

GESCHWISTER:

ICH WOHNE GERADE IN:

UND ZWAR WEGEN:

LIEBLINGSFARBE:

LIEBLINGSESSEN:

LIEBLINGSTIER:

DIESES TIER WÄRE ICH GERN:

DIESES TIER HÄTTE ICH GERN:

MEIN STERNZEICHEN IST:

UND KANN ICH DAMIT WAS ANFANGEN?:

DAS MACHE ICH GERN:

MEIN BESONDERES TALENT IST:

EINE WEISHEIT VON MIR:

3 DINGE DIE IMMER GUT SIND:

3 DINGE DIE IMMER SCHEISSE SIND:

DIE SUPERKRAFT MEINER WAHL + BEGRÜNDUNG:

WENN ALLES MÖGLICH WÄRE, WÜRDE/KÖNNTE/WÄRE ICH:

5 DINGE FÜR DIE EINSAME INSEL:

MEINE ÜBERLEBENSSTRATEGIE FÜR DIE EINSAME INSEL:

MEINE ÜBERLEBENSSTRATEGIE GENERELL IM LEBEN IST:

DARÜBER WEISS ICH VIEL:

DAVON HAB ICH KEINE AHNUNG:

LIEBLINGSWÖRTER:

WENN ICH EIN GEGENSTAND SEIN MÜSSTE, WÄRE ICH:

LIEBLINGSLAND:

MEINE SUCHT:

ICH BIN RICHTIG GUT IN:

ICH BIN RICHTIG MIES IN:

DIE TOP 5 BROTBELÄGE SIND

5:

4:

3:

2:

1:

SO HABEN WIR UNS KENNENGELERNT:

LETZTE WORTE AN DICH (BUCHEIGENTÜMER:IN):

ICH BIN:

(SPITZNAME)

FOTO

_____

DATUM:

_____

MEIN VOLLER NAME IST:

AKTUELLES ALTER:

GEBURTSTAG:

SO ALT FÜHLE ICH MICH WIRKLICH:

SO ALT WÄRE ICH JETZT GERN:

SO ALT MÖCHTE ICH WERDEN:

GRÖSSE:

HAARFARBE:

AUGENFARBE:

GESCHWISTER:

ICH WOHNE GERADE IN:

UND ZWAR WEGEN:

LIEBLINGSFARBE:

LIEBLINGSESSEN:

LIEBLINGSTIER:

DIESES TIER WÄRE ICH GERN:

DIESES TIER HÄTTE ICH GERN:

MEIN STERNZEICHEN IST:

UND KANN ICH DAMIT WAS ANFANGEN?:

DAS MACHE ICH GERN:

MEIN BESONDERES TALENT IST:

EINE WEISHEIT VON MIR:

3 DINGE DIE IMMER GUT SIND:

3 DINGE DIE IMMER SCHEISSE SIND:

DIE SUPERKRAFT MEINER WAHL + BEGRÜNDUNG:

WENN ALLES MÖGLICH WÄRE, WÜRDE/KÖNNTE/WÄRE ICH:

5 DINGE FÜR DIE EINSAME INSEL:

MEINE ÜBERLEBENSSTRATEGIE FÜR DIE EINSAME INSEL:

MEINE ÜBERLEBENSSTRATEGIE GENERELL IM LEBEN IST:

DARÜBER WEISS ICH VIEL:

DAVON HAB ICH KEINE AHNUNG:

LIEBLINGSWÖRTER:

WENN ICH EIN GEGENSTAND SEIN MÜSSTE, WÄRE ICH:

LIEBLINGSLAND:

MEINE SUCHT:

ICH BIN RICHTIG GUT IN:

ICH BIN RICHTIG MIES IN:

DIE TOP 5 BROTBELÄGE SIND

5:

4:

3:

2:

1:

SO HABEN WIR UNS KENNENGELERNT:

LETZTE WORTE AN DICH (BUCHEIGENTÜMER:IN):

ICH BIN: (SPITZNAME)

_____

DATUM: ✹

FOTO

MEIN VOLLER NAME IST:

AKTUELLES ALTER:

GEBURTSTAG:

SO ALT FÜHLE ICH MICH WIRKLICH:

SO ALT WÄRE ICH JETZT GERN:

SO ALT MÖCHTE ICH WERDEN:

GRÖSSE:

HAARFARBE:

AUGENFARBE:

GESCHWISTER:

ICH WOHNE GERADE IN:

UND ZWAR WEGEN:

LIEBLINGSFARBE:

LIEBLINGSESSEN:

LIEBLINGSTIER:

DIESES TIER WÄRE ICH GERN:

DIESES TIER HÄTTE ICH GERN:

MEIN STERNZEICHEN IST:

UND KANN ICH DAMIT WAS ANFANGEN?:

DAS MACHE ICH GERN:

MEIN BESONDERES TALENT IST:

EINE WEISHEIT VON MIR:

3 DINGE DIE IMMER GUT SIND:

3 DINGE DIE IMMER SCHEISSE SIND:

DIE SUPERKRAFT MEINER WAHL + BEGRÜNDUNG:

WENN ALLES MÖGLICH WÄRE, WÜRDE/KÖNNTE/WÄRE ICH:

5 DINGE FÜR DIE EINSAME INSEL:

MEINE ÜBERLEBENSSTRATEGIE FÜR DIE EINSAME INSEL:

MEINE ÜBERLEBENSSTRATEGIE GENERELL IM LEBEN IST:

DARÜBER WEISS ICH VIEL:

DAVON HAB ICH KEINE AHNUNG:

LIEBLINGSWÖRTER:

WENN ICH EIN GEGENSTAND SEIN MÜSSTE, WÄRE ICH:

LIEBLINGSLAND:

MEINE SUCHT:

ICH BIN RICHTIG GUT IN:

ICH BIN RICHTIG MIES IN:

DIE TOP 5 BROTBELÄGE SIND

5:

4:

3:

2:

1:

SO HABEN WIR UNS KENNENGELERNT:

LETZTE WORTE AN DICH (BUCHEIGENTÜMER:IN):

ICH BIN: (SPITZNAME)

_____

DATUM:

_____

FOTO

MEIN VOLLER NAME IST:

AKTUELLES ALTER:

GEBURTSTAG:

SO ALT FÜHLE ICH MICH WIRKLICH:

SO ALT WÄRE ICH JETZT GERN:

SO ALT MÖCHTE ICH WERDEN:

GRÖSSE:

HAARFARBE:

AUGENFARBE:

GESCHWISTER:

ICH WOHNE GERADE IN:

UND ZWAR WEGEN:

LIEBLINGSFARBE:

LIEBLINGSESSEN:

LIEBLINGSTIER:

DIESES TIER WÄRE ICH GERN:

DIESES TIER HÄTTE ICH GERN:

MEIN STERNZEICHEN IST:

UND KANN ICH DAMIT WAS ANFANGEN?:

DAS MACHE ICH GERN:

MEIN BESONDERES TALENT IST:

EINE WEISHEIT VON MIR:

3 DINGE DIE IMMER GUT SIND:

3 DINGE DIE IMMER SCHEISSE SIND:

DIE SUPERKRAFT MEINER WAHL + BEGRÜNDUNG:

WENN ALLES MÖGLICH WÄRE, WÜRDE/KÖNNTE/WÄRE ICH:

5 DINGE FÜR DIE EINSAME INSEL:

MEINE ÜBERLEBENSSTRATEGIE FÜR DIE EINSAME INSEL:

MEINE ÜBERLEBENSSTRATEGIE GENERELL IM LEBEN IST:

DARÜBER WEISS ICH VIEL:

DAVON HAB ICH KEINE AHNUNG:

LIEBLINGSWÖRTER:

WENN ICH EIN GEGENSTAND SEIN MÜSSTE, WÄRE ICH:

LIEBLINGSLAND:

MEINE SUCHT:

ICH BIN RICHTIG GUT IN:

ICH BIN RICHTIG MIES IN:

DIE TOP 5 BROTBELÄGE SIND

5:

4:

3:

2:

1:

SO HABEN WIR UNS KENNENGELERNT:

LETZTE WORTE AN DICH (BUCHEIGENTÜMER:IN):

ICH BIN:

(SPITZNAME)

FOTO

DATUM:

MEIN VOLLER NAME IST:

AKTUELLES ALTER:

GEBURTSTAG:

SO ALT FÜHLE ICH MICH WIRKLICH:

SO ALT WÄRE ICH JETZT GERN:

SO ALT MÖCHTE ICH WERDEN:

GRÖSSE:

HAARFARBE:

AUGENFARBE:

GESCHWISTER:

ICH WOHNE GERADE IN:

UND ZWAR WEGEN:

LIEBLINGSFARBE:

LIEBLINGSESSEN:

LIEBLINGSTIER:

DIESES TIER WÄRE ICH GERN:

DIESES TIER HÄTTE ICH GERN:

MEIN STERNZEICHEN IST:

UND KANN ICH DAMIT WAS ANFANGEN?:

DAS MACHE ICH GERN:

MEIN BESONDERES TALENT IST:

EINE WEISHEIT VON MIR:

3 DINGE DIE IMMER GUT SIND:

3 DINGE DIE IMMER SCHEISSE SIND:

DIE SUPERKRAFT MEINER WAHL + BEGRÜNDUNG:

WENN ALLES MÖGLICH WÄRE, WÜRDE/KÖNNTE/WÄRE ICH:

5 DINGE FÜR DIE EINSAME INSEL:

MEINE ÜBERLEBENSSTRATEGIE FÜR DIE EINSAME INSEL:

MEINE ÜBERLEBENSSTRATEGIE GENERELL IM LEBEN IST:

DARÜBER WEISS ICH VIEL:

DAVON HAB ICH KEINE AHNUNG:

LIEBLINGSWÖRTER:

WENN ICH EIN GEGENSTAND SEIN MÜSSTE, WÄRE ICH:

LIEBLINGSLAND:

MEINE SUCHT:

ICH BIN RICHTIG GUT IN:

ICH BIN RICHTIG MIES IN:

DIE TOP 5 BROTBELÄGE SIND

5:

4:

3:

2:

1:

SO HABEN WIR UNS KENNENGELERNT:

LETZTE WORTE AN DICH (BUCHEIGENTÜMER:IN):

ICH BIN: (SPITZNAME)

_____

DATUM:

FOTO

MEIN VOLLER NAME IST:

AKTUELLES ALTER:

GEBURTSTAG:

SO ALT FÜHLE ICH MICH WIRKLICH:

SO ALT WÄRE ICH JETZT GERN:

SO ALT MÖCHTE ICH WERDEN:

GRÖSSE:

HAARFARBE:

AUGENFARBE:

GESCHWISTER:

ICH WOHNE GERADE IN:

UND ZWAR WEGEN:

LIEBLINGSFARBE:

LIEBLINGSESSEN:

LIEBLINGSTIER:

DIESES TIER WÄRE ICH GERN:

DIESES TIER HÄTTE ICH GERN:

MEIN STERNZEICHEN IST:

UND KANN ICH DAMIT WAS ANFANGEN?:

DAS MACHE ICH GERN:

MEIN BESONDERES TALENT IST:

EINE WEISHEIT VON MIR:

3 DINGE DIE IMMER GUT SIND:

3 DINGE DIE IMMER SCHEISSE SIND:

DIE SUPERKRAFT MEINER WAHL + BEGRÜNDUNG:

WENN ALLES MÖGLICH WÄRE, WÜRDE/KÖNNTE/WÄRE ICH:

5 DINGE FÜR DIE EINSAME INSEL:

MEINE ÜBERLEBENSSTRATEGIE FÜR DIE EINSAME INSEL:

MEINE ÜBERLEBENSSTRATEGIE GENERELL IM LEBEN IST:

DARÜBER WEISS ICH VIEL:

DAVON HAB ICH KEINE AHNUNG:

LIEBLINGSWÖRTER:

WENN ICH EIN GEGENSTAND SEIN MÜSSTE, WÄRE ICH:

LIEBLINGSLAND:

MEINE SUCHT:

ICH BIN RICHTIG GUT IN:

ICH BIN RICHTIG MIES IN:

DIE TOP 5 BROTBELÄGE SIND

5:

4:

3:

2:

1:

SO HABEN WIR UNS KENNENGELERNT:

LETZTE WORTE AN DICH (BUCHEIGENTÜMER:IN):

ICH BIN:

(SPITZNAME)

FOTO

DATUM:

✳

MEIN VOLLER NAME IST:

AKTUELLES ALTER:

GEBURTSTAG:

SO ALT FÜHLE ICH MICH WIRKLICH:

SO ALT WÄRE ICH JETZT GERN:

SO ALT MÖCHTE ICH WERDEN:

GRÖSSE:

HAARFARBE:

AUGENFARBE:

GESCHWISTER:

ICH WOHNE GERADE IN:

UND ZWAR WEGEN:

LIEBLINGSFARBE:

LIEBLINGSESSEN:

LIEBLINGSTIER:

DIESES TIER WÄRE ICH GERN:

DIESES TIER HÄTTE ICH GERN:

MEIN STERNZEICHEN IST:

UND KANN ICH DAMIT WAS ANFANGEN?:

DAS MACHE ICH GERN:

MEIN BESONDERES TALENT IST:

EINE WEISHEIT VON MIR:

3 DINGE DIE IMMER GUT SIND:

3 DINGE DIE IMMER SCHEISSE SIND:

DIE SUPERKRAFT MEINER WAHL + BEGRÜNDUNG:

WENN ALLES MÖGLICH WÄRE, WÜRDE/KÖNNTE/WÄRE ICH:

5 DINGE FÜR DIE EINSAME INSEL:

MEINE ÜBERLEBENSSTRATEGIE FÜR DIE EINSAME INSEL:

MEINE ÜBERLEBENSSTRATEGIE GENERELL IM LEBEN IST:

DARÜBER WEISS ICH VIEL:

DAVON HAB ICH KEINE AHNUNG:

LIEBLINGSWÖRTER:

WENN ICH EIN GEGENSTAND SEIN MÜSSTE, WÄRE ICH:

LIEBLINGSLAND:

MEINE SUCHT:

ICH BIN RICHTIG GUT IN:

ICH BIN RICHTIG MIES IN:

DIE TOP 5 BROTBELÄGE SIND

5:

4:

3:

2:

1:

SO HABEN WIR UNS KENNENGELERNT:

LETZTE WORTE AN DICH (BUCHEIGENTÜMER:IN):

ICH BIN:

(SPITZNAME)

_____

DATUM:

◆

FOTO

MEIN VOLLER NAME IST:

AKTUELLES ALTER:

GEBURTSTAG:

SO ALT FÜHLE ICH MICH WIRKLICH:

SO ALT WÄRE ICH JETZT GERN:

SO ALT MÖCHTE ICH WERDEN:

GRÖSSE:

HAARFARBE:

AUGENFARBE:

GESCHWISTER:

ICH WOHNE GERADE IN:

UND ZWAR WEGEN:

LIEBLINGSFARBE:

LIEBLINGSESSEN:

LIEBLINGSTIER:

DIESES TIER WÄRE ICH GERN:

DIESES TIER HÄTTE ICH GERN:

MEIN STERNZEICHEN IST:

UND KANN ICH DAMIT WAS ANFANGEN?:

DAS MACHE ICH GERN:

MEIN BESONDERES TALENT IST:

EINE WEISHEIT VON MIR:

3 DINGE DIE IMMER GUT SIND:

3 DINGE DIE IMMER SCHEISSE SIND:

DIE SUPERKRAFT MEINER WAHL + BEGRÜNDUNG:

WENN ALLES MÖGLICH WÄRE, WÜRDE/KÖNNTE/WÄRE ICH:

5 DINGE FÜR DIE EINSAME INSEL:

MEINE ÜBERLEBENSSTRATEGIE FÜR DIE EINSAME INSEL:

MEINE ÜBERLEBENSSTRATEGIE GENERELL IM LEBEN IST:

DARÜBER WEISS ICH VIEL:

DAVON HAB ICH KEINE AHNUNG:

LIEBLINGSWÖRTER:

WENN ICH EIN GEGENSTAND SEIN MÜSSTE, WÄRE ICH:

LIEBLINGSLAND:

MEINE SUCHT:

ICH BIN RICHTIG GUT IN:

ICH BIN RICHTIG MIES IN:

DIE TOP 5 BROTBELÄGE SIND

5:

4:

3:

2:

1:

SO HABEN WIR UNS KENNENGELERNT:

LETZTE WORTE AN DICH (BUCHEIGENTÜMER:IN):

ICH BIN:

FOTO

DATUM:

MEIN VOLLER NAME IST:

AKTUELLES ALTER:

GEBURTSTAG:

SO ALT FÜHLE ICH MICH WIRKLICH:

SO ALT WÄRE ICH JETZT GERN:

SO ALT MÖCHTE ICH WERDEN:

GRÖSSE:

HAARFARBE:

AUGENFARBE:

GESCHWISTER:

ICH WOHNE GERADE IN:

UND ZWAR WEGEN:

LIEBLINGSFARBE:

LIEBLINGSESSEN:

LIEBLINGSTIER:

DIESES TIER WÄRE ICH GERN:

DIESES TIER HÄTTE ICH GERN:

MEIN STERNZEICHEN IST:

UND KANN ICH DAMIT WAS ANFANGEN?:

DAS MACHE ICH GERN:

MEIN BESONDERES TALENT IST:

EINE WEISHEIT VON MIR:

3 DINGE DIE IMMER GUT SIND:

3 DINGE DIE IMMER SCHEISSE SIND:

DIE SUPERKRAFT MEINER WAHL + BEGRÜNDUNG:

WENN ALLES MÖGLICH WÄRE, WÜRDE/KÖNNTE/WÄRE ICH:

5 DINGE FÜR DIE EINSAME INSEL:

MEINE ÜBERLEBENSSTRATEGIE FÜR DIE EINSAME INSEL:

MEINE ÜBERLEBENSSTRATEGIE GENERELL IM LEBEN IST:

DARÜBER WEISS ICH VIEL:

DAVON HAB ICH KEINE AHNUNG:

LIEBLINGSWÖRTER:

WENN ICH EIN GEGENSTAND SEIN MÜSSTE, WÄRE ICH:

LIEBLINGSLAND:

MEINE SUCHT:

ICH BIN RICHTIG GUT IN:

ICH BIN RICHTIG MIES IN:

DIE TOP 5 BROTBELÄGE SIND

5:

4:

3:

2:

1:

SO HABEN WIR UNS KENNENGELERNT:

LETZTE WORTE AN DICH (BUCHEIGENTÜMER:IN):

ICH BIN: (SPITZNAME)

_____

DATUM:

_____

FOTO

MEIN VOLLER NAME IST:

AKTUELLES ALTER:

GEBURTSTAG:

SO ALT FÜHLE ICH MICH WIRKLICH:

SO ALT WÄRE ICH JETZT GERN:

SO ALT MÖCHTE ICH WERDEN:

GRÖSSE:

HAARFARBE:

AUGENFARBE:

GESCHWISTER:

ICH WOHNE GERADE IN:

UND ZWAR WEGEN:

LIEBLINGSFARBE:

LIEBLINGSESSEN:

LIEBLINGSTIER:

DIESES TIER WÄRE ICH GERN:

DIESES TIER HÄTTE ICH GERN:

MEIN STERNZEICHEN IST:

UND KANN ICH DAMIT WAS ANFANGEN?:

DAS MACHE ICH GERN:

MEIN BESONDERES TALENT IST:

EINE WEISHEIT VON MIR:

3 DINGE DIE IMMER GUT SIND:

3 DINGE DIE IMMER SCHEISSE SIND:

DIE SUPERKRAFT MEINER WAHL + BEGRÜNDUNG:

WENN ALLES MÖGLICH WÄRE, WÜRDE/KÖNNTE/WÄRE ICH:

5 DINGE FÜR DIE EINSAME INSEL:

MEINE ÜBERLEBENSSTRATEGIE FÜR DIE EINSAME INSEL:

MEINE ÜBERLEBENSSTRATEGIE GENERELL IM LEBEN IST:

DARÜBER WEISS ICH VIEL:

DAVON HAB ICH KEINE AHNUNG:

LIEBLINGSWÖRTER:

WENN ICH EIN GEGENSTAND SEIN MÜSSTE, WÄRE ICH:

LIEBLINGSLAND:

MEINE SUCHT:

ICH BIN RICHTIG GUT IN:

ICH BIN RICHTIG MIES IN:

DIE TOP 5 BROTBELÄGE SIND

5:

4:

3:

2:

1:

SO HABEN WIR UNS KENNENGELERNT:

LETZTE WORTE AN DICH (BUCHEIGENTÜMER:IN):

ICH BIN: (SPITZNAME)

_____

DATUM: ✳

_____

FOTO

MEIN VOLLER NAME IST:

AKTUELLES ALTER:

GEBURTSTAG:

SO ALT FÜHLE ICH MICH WIRKLICH:

SO ALT WÄRE ICH JETZT GERN:

SO ALT MÖCHTE ICH WERDEN:

GRÖSSE:

HAARFARBE:

AUGENFARBE:

GESCHWISTER:

ICH WOHNE GERADE IN:

UND ZWAR WEGEN:

LIEBLINGSFARBE:

LIEBLINGSESSEN:

LIEBLINGSTIER:

DIESES TIER WÄRE ICH GERN:

DIESES TIER HÄTTE ICH GERN:

MEIN STERNZEICHEN IST:

UND KANN ICH DAMIT WAS ANFANGEN?:

DAS MACHE ICH GERN:

MEIN BESONDERES TALENT IST:

EINE WEISHEIT VON MIR:

3 DINGE DIE IMMER GUT SIND:

3 DINGE DIE IMMER SCHEISSE SIND:

DIE SUPERKRAFT MEINER WAHL + BEGRÜNDUNG:

WENN ALLES MÖGLICH WÄRE, WÜRDE/KÖNNTE/WÄRE ICH:

5 DINGE FÜR DIE EINSAME INSEL:

MEINE ÜBERLEBENSSTRATEGIE FÜR DIE EINSAME INSEL:

MEINE ÜBERLEBENSSTRATEGIE GENERELL IM LEBEN IST:

DARÜBER WEISS ICH VIEL:

DAVON HAB ICH KEINE AHNUNG:

LIEBLINGSWÖRTER:

WENN ICH EIN GEGENSTAND SEIN MÜSSTE, WÄRE ICH:

LIEBLINGSLAND:

MEINE SUCHT:

ICH BIN RICHTIG GUT IN:

ICH BIN RICHTIG MIES IN:

DIE TOP 5 BROTBELÄGE SIND

5:

4:

3:

2:

1:

SO HABEN WIR UNS KENNENGELERNT:

LETZTE WORTE AN DICH (BUCHEIGENTÜMER:IN):

ICH BIN: (SPITZNAME)

_____

DATUM: ✴

_____

FOTO

MEIN VOLLER NAME IST:

AKTUELLES ALTER:

GEBURTSTAG:

SO ALT FÜHLE ICH MICH WIRKLICH:

SO ALT WÄRE ICH JETZT GERN:

SO ALT MÖCHTE ICH WERDEN:

GRÖSSE:

HAARFARBE:

AUGENFARBE:

GESCHWISTER:

ICH WOHNE GERADE IN:

UND ZWAR WEGEN:

LIEBLINGSFARBE:

LIEBLINGSESSEN:

LIEBLINGSTIER:

DIESES TIER WÄRE ICH GERN:

DIESES TIER HÄTTE ICH GERN:

MEIN STERNZEICHEN IST:

UND KANN ICH DAMIT WAS ANFANGEN?:

DAS MACHE ICH GERN:

MEIN BESONDERES TALENT IST:

EINE WEISHEIT VON MIR:

3 DINGE DIE IMMER GUT SIND:

3 DINGE DIE IMMER SCHEISSE SIND:

DIE SUPERKRAFT MEINER WAHL + BEGRÜNDUNG:

WENN ALLES MÖGLICH WÄRE, WÜRDE/KÖNNTE/WÄRE ICH:

5 DINGE FÜR DIE EINSAME INSEL:

MEINE ÜBERLEBENSSTRATEGIE FÜR DIE EINSAME INSEL:

MEINE ÜBERLEBENSSTRATEGIE GENERELL IM LEBEN IST:

DARÜBER WEISS ICH VIEL:

DAVON HAB ICH KEINE AHNUNG:

LIEBLINGSWÖRTER:

WENN ICH EIN GEGENSTAND SEIN MÜSSTE, WÄRE ICH:

LIEBLINGSLAND:

MEINE SUCHT:

ICH BIN RICHTIG GUT IN:

ICH BIN RICHTIG MIES IN:

DIE TOP 5 BROTBELÄGE SIND

5:

4:

3:

2:

1:

SO HABEN WIR UNS KENNENGELERNT:

LETZTE WORTE AN DICH (BUCHEIGENTÜMER:IN):

ICH BIN:

FOTO

DATUM:

MEIN VOLLER NAME IST:

AKTUELLES ALTER:

GEBURTSTAG:

SO ALT FÜHLE ICH MICH WIRKLICH:

SO ALT WÄRE ICH JETZT GERN:

SO ALT MÖCHTE ICH WERDEN:

GRÖSSE:

HAARFARBE:

AUGENFARBE:

GESCHWISTER:

ICH WOHNE GERADE IN:

UND ZWAR WEGEN:

LIEBLINGSFARBE:

LIEBLINGSESSEN:

LIEBLINGSTIER:

DIESES TIER WÄRE ICH GERN:

DIESES TIER HÄTTE ICH GERN:

MEIN STERNZEICHEN IST:

UND KANN ICH DAMIT WAS ANFANGEN?:

DAS MACHE ICH GERN:

MEIN BESONDERES TALENT IST:

EINE WEISHEIT VON MIR:

3 DINGE DIE IMMER GUT SIND:

3 DINGE DIE IMMER SCHEISSE SIND:

DIE SUPERKRAFT MEINER WAHL + BEGRÜNDUNG:

WENN ALLES MÖGLICH WÄRE, WÜRDE/KÖNNTE/WÄRE ICH:

5 DINGE FÜR DIE EINSAME INSEL:

MEINE ÜBERLEBENSSTRATEGIE FÜR DIE EINSAME INSEL:

MEINE ÜBERLEBENSSTRATEGIE GENERELL IM LEBEN IST:

DARÜBER WEISS ICH VIEL:

DAVON HAB ICH KEINE AHNUNG:

LIEBLINGSWÖRTER:

WENN ICH EIN GEGENSTAND SEIN MÜSSTE, WÄRE ICH:

LIEBLINGSLAND:

MEINE SUCHT:

ICH BIN RICHTIG GUT IN:

ICH BIN RICHTIG MIES IN:

DIE TOP 5 BROTBELÄGE SIND

5:

4:

3:

2:

1:

SO HABEN WIR UNS KENNENGELERNT:

LETZTE WORTE AN DICH (BUCHEIGENTÜMER:IN):

ICH BIN: (SPITZNAME)

_____

DATUM:

FOTO

MEIN VOLLER NAME IST:

AKTUELLES ALTER:

GEBURTSTAG:

SO ALT FÜHLE ICH MICH WIRKLICH:

SO ALT WÄRE ICH JETZT GERN:

SO ALT MÖCHTE ICH WERDEN:

GRÖSSE:

HAARFARBE:

AUGENFARBE:

GESCHWISTER:

ICH WOHNE GERADE IN:

UND ZWAR WEGEN:

LIEBLINGSFARBE:

LIEBLINGSESSEN:

LIEBLINGSTIER:

DIESES TIER WÄRE ICH GERN:

DIESES TIER HÄTTE ICH GERN:

MEIN STERNZEICHEN IST:

UND KANN ICH DAMIT WAS ANFANGEN?:

DAS MACHE ICH GERN:

MEIN BESONDERES TALENT IST:

EINE WEISHEIT VON MIR:

3 DINGE DIE IMMER GUT SIND:

3 DINGE DIE IMMER SCHEISSE SIND:

DIE SUPERKRAFT MEINER WAHL + BEGRÜNDUNG:

WENN ALLES MÖGLICH WÄRE, WÜRDE/KÖNNTE/WÄRE ICH:

5 DINGE FÜR DIE EINSAME INSEL:

MEINE ÜBERLEBENSSTRATEGIE FÜR DIE EINSAME INSEL:

MEINE ÜBERLEBENSSTRATEGIE GENERELL IM LEBEN IST:

DARÜBER WEISS ICH VIEL:

DAVON HAB ICH KEINE AHNUNG:

LIEBLINGSWÖRTER:

WENN ICH EIN GEGENSTAND SEIN MÜSSTE, WÄRE ICH:

LIEBLINGSLAND:

MEINE SUCHT:

ICH BIN RICHTIG GUT IN:

ICH BIN RICHTIG MIES IN:

DIE TOP 5 BROTBELÄGE SIND

5:

4:

3:

2:

1:

SO HABEN WIR UNS KENNENGELERNT:

LETZTE WORTE AN DICH (BUCHEIGENTÜMER:IN):

ICH BIN:

(SPITZNAME)

_____

DATUM:

✻

FOTO

MEIN VOLLER NAME IST:

AKTUELLES ALTER:

GEBURTSTAG:

SO ALT FÜHLE ICH MICH WIRKLICH:

SO ALT WÄRE ICH JETZT GERN:

SO ALT MÖCHTE ICH WERDEN:

GRÖSSE:

HAARFARBE:

AUGENFARBE:

GESCHWISTER:

ICH WOHNE GERADE IN:

UND ZWAR WEGEN:

LIEBLINGSFARBE:

LIEBLINGSESSEN:

LIEBLINGSTIER:

DIESES TIER WÄRE ICH GERN:

DIESES TIER HÄTTE ICH GERN:

MEIN STERNZEICHEN IST:

UND KANN ICH DAMIT WAS ANFANGEN?:

DAS MACHE ICH GERN:

MEIN BESONDERES TALENT IST:

EINE WEISHEIT VON MIR:

3 DINGE DIE IMMER GUT SIND:

3 DINGE DIE IMMER SCHEISSE SIND:

DIE SUPERKRAFT MEINER WAHL + BEGRÜNDUNG:

WENN ALLES MÖGLICH WÄRE, WÜRDE/KÖNNTE/WÄRE ICH:

5 DINGE FÜR DIE EINSAME INSEL:

MEINE ÜBERLEBENSSTRATEGIE FÜR DIE EINSAME INSEL:

MEINE ÜBERLEBENSSTRATEGIE GENERELL IM LEBEN IST:

DARÜBER WEISS ICH VIEL:

DAVON HAB ICH KEINE AHNUNG:

LIEBLINGSWÖRTER:

WENN ICH EIN GEGENSTAND SEIN MÜSSTE, WÄRE ICH:

LIEBLINGSLAND:

MEINE SUCHT:

ICH BIN RICHTIG GUT IN:

ICH BIN RICHTIG MIES IN:

DIE TOP 5 BROTBELÄGE SIND

5:

4:

3:

2:

1:

SO HABEN WIR UNS KENNENGELERNT:

LETZTE WORTE AN DICH (BUCHEIGENTÜMER:IN):

ICH BIN: (SPITZNAME)

_____

DATUM: ✴

_____

FOTO

MEIN VOLLER NAME IST:

AKTUELLES ALTER:

GEBURTSTAG:

SO ALT FÜHLE ICH MICH WIRKLICH:

SO ALT WÄRE ICH JETZT GERN:

SO ALT MÖCHTE ICH WERDEN:

GRÖSSE:

HAARFARBE:

AUGENFARBE:

GESCHWISTER:

ICH WOHNE GERADE IN:

UND ZWAR WEGEN:

LIEBLINGSFARBE:

LIEBLINGSESSEN:

LIEBLINGSTIER:

DIESES TIER WÄRE ICH GERN:

DIESES TIER HÄTTE ICH GERN:

MEIN STERNZEICHEN IST:

UND KANN ICH DAMIT WAS ANFANGEN?:

DAS MACHE ICH GERN:

MEIN BESONDERES TALENT IST:

EINE WEISHEIT VON MIR:

3 DINGE DIE IMMER GUT SIND:

3 DINGE DIE IMMER SCHEISSE SIND:

DIE SUPERKRAFT MEINER WAHL + BEGRÜNDUNG:

WENN ALLES MÖGLICH WÄRE, WÜRDE/KÖNNTE/WÄRE ICH:

5 DINGE FÜR DIE EINSAME INSEL:

MEINE ÜBERLEBENSSTRATEGIE FÜR DIE EINSAME INSEL:

MEINE ÜBERLEBENSSTRATEGIE GENERELL IM LEBEN IST:

DARÜBER WEISS ICH VIEL:

DAVON HAB ICH KEINE AHNUNG:

LIEBLINGSWÖRTER:

WENN ICH EIN GEGENSTAND SEIN MÜSSTE, WÄRE ICH:

LIEBLINGSLAND:

MEINE SUCHT:

ICH BIN RICHTIG GUT IN:

ICH BIN RICHTIG MIES IN:

DIE TOP 5 BROTBELÄGE SIND

5:

4:

3:

2:

1:

SO HABEN WIR UNS KENNENGELERNT:

LETZTE WORTE AN DICH (BUCHEIGENTÜMER:IN):

ICH BIN:

(SPITZNAME)

FOTO

DATUM:

MEIN VOLLER NAME IST:

AKTUELLES ALTER:

GEBURTSTAG:

SO ALT FÜHLE ICH MICH WIRKLICH:

SO ALT WÄRE ICH JETZT GERN:

SO ALT MÖCHTE ICH WERDEN:

GRÖSSE:

HAARFARBE:

AUGENFARBE:

GESCHWISTER:

ICH WOHNE GERADE IN:

UND ZWAR WEGEN:

LIEBLINGSFARBE:

LIEBLINGSESSEN:

LIEBLINGSTIER:

DIESES TIER WÄRE ICH GERN:

DIESES TIER HÄTTE ICH GERN:

MEIN STERNZEICHEN IST:

UND KANN ICH DAMIT WAS ANFANGEN?:

DAS MACHE ICH GERN:

MEIN BESONDERES TALENT IST:

EINE WEISHEIT VON MIR:

3 DINGE DIE IMMER GUT SIND:

3 DINGE DIE IMMER SCHEISSE SIND:

DIE SUPERKRAFT MEINER WAHL + BEGRÜNDUNG:

WENN ALLES MÖGLICH WÄRE, WÜRDE/KÖNNTE/WÄRE ICH:

5 DINGE FÜR DIE EINSAME INSEL:

MEINE ÜBERLEBENSSTRATEGIE FÜR DIE EINSAME INSEL:

MEINE ÜBERLEBENSSTRATEGIE GENERELL IM LEBEN IST:

DARÜBER WEISS ICH VIEL:

DAVON HAB ICH KEINE AHNUNG:

LIEBLINGSWÖRTER:

WENN ICH EIN GEGENSTAND SEIN MÜSSTE, WÄRE ICH:

LIEBLINGSLAND:

MEINE SUCHT:

ICH BIN RICHTIG GUT IN:

ICH BIN RICHTIG MIES IN:

DIE TOP 5 BROTBELÄGE SIND

5:

4:

3:

2:

1:

SO HABEN WIR UNS KENNENGELERNT:

LETZTE WORTE AN DICH (BUCHEIGENTÜMER:IN):

ICH BIN: (SPITZNAME)

_____

DATUM:

◆

FOTO

_____

MEIN VOLLER NAME IST:

AKTUELLES ALTER:

GEBURTSTAG:

SO ALT FÜHLE ICH MICH WIRKLICH:

SO ALT WÄRE ICH JETZT GERN:

SO ALT MÖCHTE ICH WERDEN:

GRÖSSE:

HAARFARBE:

AUGENFARBE:

GESCHWISTER:

ICH WOHNE GERADE IN:

UND ZWAR WEGEN:

LIEBLINGSFARBE:

LIEBLINGSESSEN:

LIEBLINGSTIER:

DIESES TIER WÄRE ICH GERN:

DIESES TIER HÄTTE ICH GERN:

MEIN STERNZEICHEN IST:

UND KANN ICH DAMIT WAS ANFANGEN?:

DAS MACHE ICH GERN:

MEIN BESONDERES TALENT IST:

EINE WEISHEIT VON MIR:

3 DINGE DIE IMMER GUT SIND:

3 DINGE DIE IMMER SCHEISSE SIND:

DIE SUPERKRAFT MEINER WAHL + BEGRÜNDUNG:

WENN ALLES MÖGLICH WÄRE, WÜRDE/KÖNNTE/WÄRE ICH:

5 DINGE FÜR DIE EINSAME INSEL:

MEINE ÜBERLEBENSSTRATEGIE FÜR DIE EINSAME INSEL:

MEINE ÜBERLEBENSSTRATEGIE GENERELL IM LEBEN IST:

DARÜBER WEISS ICH VIEL:

DAVON HAB ICH KEINE AHNUNG:

LIEBLINGSWÖRTER:

WENN ICH EIN GEGENSTAND SEIN MÜSSTE, WÄRE ICH:

LIEBLINGSLAND:

MEINE SUCHT:

ICH BIN RICHTIG GUT IN:

ICH BIN RICHTIG MIES IN:

DIE TOP 5 BROTBELÄGE SIND

5:

4:

3:

2:

1:

SO HABEN WIR UNS KENNENGELERNT:

LETZTE WORTE AN DICH (BUCHEIGENTÜMER:IN):

ICH BIN: (SPITZNAME)

FOTO

_____

DATUM:

_____

MEIN VOLLER NAME IST:

AKTUELLES ALTER:

GEBURTSTAG:

SO ALT FÜHLE ICH MICH WIRKLICH:

SO ALT WÄRE ICH JETZT GERN:

SO ALT MÖCHTE ICH WERDEN:

GRÖSSE:

HAARFARBE:

AUGENFARBE:

GESCHWISTER:

ICH WOHNE GERADE IN:

UND ZWAR WEGEN:

LIEBLINGSFARBE:

LIEBLINGSESSEN:

LIEBLINGSTIER:

DIESES TIER WÄRE ICH GERN:

DIESES TIER HÄTTE ICH GERN:

MEIN STERNZEICHEN IST:

UND KANN ICH DAMIT WAS ANFANGEN?:

DAS MACHE ICH GERN:

MEIN BESONDERES TALENT IST:

EINE WEISHEIT VON MIR:

3 DINGE DIE IMMER GUT SIND:

3 DINGE DIE IMMER SCHEISSE SIND:

DIE SUPERKRAFT MEINER WAHL + BEGRÜNDUNG:

WENN ALLES MÖGLICH WÄRE, WÜRDE/KÖNNTE/WÄRE ICH:

5 DINGE FÜR DIE EINSAME INSEL:

MEINE ÜBERLEBENSSTRATEGIE FÜR DIE EINSAME INSEL:

MEINE ÜBERLEBENSSTRATEGIE GENERELL IM LEBEN IST:

DARÜBER WEISS ICH VIEL:

DAVON HAB ICH KEINE AHNUNG:

LIEBLINGSWÖRTER:

WENN ICH EIN GEGENSTAND SEIN MÜSSTE, WÄRE ICH:

LIEBLINGSLAND:

MEINE SUCHT:

ICH BIN RICHTIG GUT IN:

ICH BIN RICHTIG MIES IN:

DIE TOP 5 BROTBELÄGE SIND

5:

4:

3:

2:

1:

SO HABEN WIR UNS KENNENGELERNT:

LETZTE WORTE AN DICH (BUCHEIGENTÜMER:IN):

ICH BIN: (SPITZNAME)

FOTO

DATUM:

MEIN VOLLER NAME IST:

AKTUELLES ALTER:

GEBURTSTAG:

SO ALT FÜHLE ICH MICH WIRKLICH:

SO ALT WÄRE ICH JETZT GERN:

SO ALT MÖCHTE ICH WERDEN:

GRÖSSE:

HAARFARBE:

AUGENFARBE:

GESCHWISTER:

ICH WOHNE GERADE IN:

UND ZWAR WEGEN:

LIEBLINGSFARBE:

LIEBLINGSESSEN:

LIEBLINGSTIER:

DIESES TIER WÄRE ICH GERN:

DIESES TIER HÄTTE ICH GERN:

MEIN STERNZEICHEN IST:

UND KANN ICH DAMIT WAS ANFANGEN?:

DAS MACHE ICH GERN:

MEIN BESONDERES TALENT IST:

EINE WEISHEIT VON MIR:

3 DINGE DIE IMMER GUT SIND:

3 DINGE DIE IMMER SCHEISSE SIND:

DIE SUPERKRAFT MEINER WAHL + BEGRÜNDUNG:

WENN ALLES MÖGLICH WÄRE, WÜRDE/KÖNNTE/WÄRE ICH:

5 DINGE FÜR DIE EINSAME INSEL:

MEINE ÜBERLEBENSSTRATEGIE FÜR DIE EINSAME INSEL:

MEINE ÜBERLEBENSSTRATEGIE GENERELL IM LEBEN IST:

DARÜBER WEISS ICH VIEL:

DAVON HAB ICH KEINE AHNUNG:

LIEBLINGSWÖRTER:

WENN ICH EIN GEGENSTAND SEIN MÜSSTE, WÄRE ICH:

LIEBLINGSLAND:

MEINE SUCHT:

ICH BIN RICHTIG GUT IN:

ICH BIN RICHTIG MIES IN:

DIE TOP 5 BROTBELÄGE SIND

5:

4:

3:

2:

1:

SO HABEN WIR UNS KENNENGELERNT:

LETZTE WORTE AN DICH (BUCHEIGENTÜMER:IN):

ICH BIN: (SPITZNAME)

_____

DATUM:

FOTO

MEIN VOLLER NAME IST:

AKTUELLES ALTER:

GEBURTSTAG:

SO ALT FÜHLE ICH MICH WIRKLICH:

SO ALT WÄRE ICH JETZT GERN:

SO ALT MÖCHTE ICH WERDEN:

GRÖSSE:

HAARFARBE:

AUGENFARBE:

GESCHWISTER:

ICH WOHNE GERADE IN:

UND ZWAR WEGEN:

LIEBLINGSFARBE:

LIEBLINGSESSEN:

LIEBLINGSTIER:

DIESES TIER WÄRE ICH GERN:

DIESES TIER HÄTTE ICH GERN:

MEIN STERNZEICHEN IST:

UND KANN ICH DAMIT WAS ANFANGEN?:

DAS MACHE ICH GERN:

MEIN BESONDERES TALENT IST:

EINE WEISHEIT VON MIR:

3 DINGE DIE IMMER GUT SIND:

3 DINGE DIE IMMER SCHEISSE SIND:

DIE SUPERKRAFT MEINER WAHL + BEGRÜNDUNG:

WENN ALLES MÖGLICH WÄRE, WÜRDE/KÖNNTE/WÄRE ICH:

5 DINGE FÜR DIE EINSAME INSEL:

MEINE ÜBERLEBENSSTRATEGIE FÜR DIE EINSAME INSEL:

MEINE ÜBERLEBENSSTRATEGIE GENERELL IM LEBEN IST:

DARÜBER WEISS ICH VIEL:

DAVON HAB ICH KEINE AHNUNG:

LIEBLINGSWÖRTER:

WENN ICH EIN GEGENSTAND SEIN MÜSSTE, WÄRE ICH:

LIEBLINGSLAND:

MEINE SUCHT:

ICH BIN RICHTIG GUT IN:

ICH BIN RICHTIG MIES IN:

DIE TOP 5 BROTBELÄGE SIND

5:

4:

3:

2:

1:

SO HABEN WIR UNS KENNENGELERNT:

LETZTE WORTE AN DICH (BUCHEIGENTÜMER:IN):

ICH BIN: (SPITZNAME)

_____

DATUM: ✳

_____

FOTO

MEIN VOLLER NAME IST:

AKTUELLES ALTER:

GEBURTSTAG:

SO ALT FÜHLE ICH MICH WIRKLICH:

SO ALT WÄRE ICH JETZT GERN:

SO ALT MÖCHTE ICH WERDEN:

GRÖSSE:

HAARFARBE:

AUGENFARBE:

GESCHWISTER:

ICH WOHNE GERADE IN:

UND ZWAR WEGEN:

LIEBLINGSFARBE:

LIEBLINGSESSEN:

LIEBLINGSTIER:

DIESES TIER WÄRE ICH GERN:

DIESES TIER HÄTTE ICH GERN:

MEIN STERNZEICHEN IST:

UND KANN ICH DAMIT WAS ANFANGEN?:

DAS MACHE ICH GERN:

MEIN BESONDERES TALENT IST:

EINE WEISHEIT VON MIR:

3 DINGE DIE IMMER GUT SIND:

3 DINGE DIE IMMER SCHEISSE SIND:

DIE SUPERKRAFT MEINER WAHL + BEGRÜNDUNG:

WENN ALLES MÖGLICH WÄRE, WÜRDE/KÖNNTE/WÄRE ICH:

5 DINGE FÜR DIE EINSAME INSEL:

MEINE ÜBERLEBENSSTRATEGIE FÜR DIE EINSAME INSEL:

MEINE ÜBERLEBENSSTRATEGIE GENERELL IM LEBEN IST:

DARÜBER WEISS ICH VIEL:

DAVON HAB ICH KEINE AHNUNG:

LIEBLINGSWÖRTER:

WENN ICH EIN GEGENSTAND SEIN MÜSSTE, WÄRE ICH:

LIEBLINGSLAND:

MEINE SUCHT:

ICH BIN RICHTIG GUT IN:

ICH BIN RICHTIG MIES IN:

DIE TOP 5 BROTBELÄGE SIND

5:

4:

3:

2:

1:

SO HABEN WIR UNS KENNENGELERNT:

LETZTE WORTE AN DICH (BUCHEIGENTÜMER:IN):

Die nächsten Seiten
sind für Sonstiges

Hier ist Platz für freiwilliges
Gekritzel, Sticker, Gedichte, Fotos
und sonstigen kreativen Kram.

Lorena Rosner, 1998 in Süddeutschland geboren, ist eine interdisziplinäre Künstlerin. Dieses Buch ist nur eines ihrer vielseitigen Hervorbringungen.

Wenn sie nicht gerade mit ihrem Hund im Wald unterwegs ist, entwirft sie neue Designs, malt Bilder, schreibt Bücher oder produziert Musik.

Ihre Lieblingsfarbe ist Grün und wenn sie ein Gegenstand sein müsste, wäre sie ein Gartenstuhl.